传灯故事

知识可以传授
智慧只能启迪

易中天

易中天 著　胡永凯 绘

浙江文艺出版社
Zhejiang Literature & Art Publishing House

果麦文化 出品

这个和尚乱出牌

那天晚上，月亮很好。

一个学禅的便问：月亮没圆的时候怎么样？

大和尚说：吃了三个四个。

学禅的问：圆了以后呢？

大和尚说：吐出七个八个。

学禅的问：没有月亮时，佛在哪里？

大和尚说：岂有此理，恭喜恭喜！

这个故事，记载在《五灯会元》卷五。

其实，这样的故事在禅宗书里很多，无一例外是答非所问。因为禅宗跟庄子一样，都认为最高智慧绝不能说。只要说了出来，就是糟粕，就是垃圾。

问题是，不说又怎么知道？

也只好讲故事，或者打哑谜。

再就是貌似脑筋急转弯。

比如，有人说自己从神光禅师那里来。

大和尚便问：白天的叫日光，晚上的叫火光，什么东西叫作神光？

学禅的答不上来。

大和尚说：就是日光火光呀！

这个故事，记载在《五灯会元》卷七。

还有写诗的，比如《五灯会元》卷六。

学禅的问：你这庙里什么境界？

大和尚答：千峰连岳秀，万嶂不知春。

学禅的问：境界中人又怎么样？

大和尚答：孤岩倚石坐，不下白云心。

学禅的问：学生听不懂，请老师明示。

答：参差松竹烟笼薄，重叠峰峦月上迟。

哈哈，还是不肯明说。

但，你不觉得这样的故事和诗很好玩吗？

好玩？想听？

恭喜恭喜，岂有此理！

目录

破执的故事

你的敌人就是你

成佛的故事

无所求才有所得

祖师的故事

觉悟是每个人自己的事

门前一棵菩提树，
心中一座明镜台。
诸天天女散花来。

落地菩提本无树，
虚空明镜不是台。
那个和尚乱出牌。

哪来的花

佛祖拿起了花。

没人知道那是一朵什么花，也不知道那花当时是在哪里。但是我们知道，根据传闻或记载，就连南朝梁武帝时云光法师的讲经，都让诸神感动，散花如雨，何况佛祖亲自登坛说法，岂能不梵天妙香满虚空？

这倒是有诗为证。

不过，佛家不叫诗，叫**偈**。

偈读如记，原本是佛经中颂歌的唱词，后来则成为佛门弟子或带发修行的居士们，表达理念或者发表感言的文体，它在我们这本书中会不断出现。

诸天散花的偈是：

六欲诸天来供养，天花乱坠遍虚空。

想来那时真是蔚为壮观。虚空之中布满鲜花，有的像润物无声的春雨，有的像骤然而至的急雨，或者匆匆落下，或者扑面而来，或者飘浮不定。那些花儿纷纷扬扬飘落下来，应该是千姿百态、五彩缤纷的吧？

留下的成语，就叫：

天花乱坠

本义是形容佛法激动人心。

乱，也不是混乱或者凌乱，而是随意。

佛祖拿起来的，是其中的一朵吧？

也许。

但，拿起来是要给大家看。

这个动作，就叫：

拈花示众

可惜，在场的众多弟子信徒，没有谁明白这是什么意思，只有一个人破颜微笑。

他叫摩诃迦叶。

诃读如喝（阴平），迦读如加，叶读如社。

摩诃的意思是大，迦叶的意思是光明，合起来就是大光明。据说，这位尊者是佛祖十大弟子之一，也是佛弟子中最没有执着之念，最不认死理的。

所以，只有他笑了。

于是佛祖说：

吾有正法眼藏，涅槃妙心，实相无相，微妙法门，不立文字，教外别传，付嘱摩诃迦叶。

这段话专用名词太多，比较难懂，我们只需要记住一点就行：佛祖宣布，他刚才已经把最高智慧通过特殊途径传给了摩诃迦叶，就连那特殊途径，也传过去了。

怎么传的？

我拈花示众，他微微一笑。

不说话啊？

当然。

那怎么传呢？

以心传心

所以也叫：

心传

传没传到，又怎么证明呢？

以心印心

印就是印证，也叫印可，也就是承认和许可，就像在文件上签字盖章。古人把图章叫作印，也叫印信或者印章。用印信来证明，就叫印证。

印证跟验证是不同的。

验证必须检验，印证却有印就行。

会心一笑，微微点头，都是印证。

只不过，这印信是心。

所以又叫：

心印

由此留下了一个成语：

心心相印

以心传心，心心相印，这就是微妙法门，现在交给了摩诃迦叶，新的门派、流派或宗派于是诞生。

这就是**禅宗**，它的宗旨就是：

不立文字，教外别传

故事也开始了。

本节故事及引文见《心地观经·序品》，《五灯会元》卷一

唐僧取经

禅宗有个代代相传的组织系统。

第一代祖师爷，当然是摩诃迦叶。

二祖叫阿难陀，简称阿难，意思是欢喜，同样名列十大佛弟子，只不过比摩诃迦叶年轻。

这两个名字我们并不陌生。

没错，带着唐僧进藏经楼取经的就是他俩。

当然，是在《西游记》里。

只不过阿难被改名叫阿傩（读如挪）。

据说，他俩带着唐僧看完目录就索要红包：圣僧从东土大唐远道而来，总该意思意思，有点见面礼土特产什么的吧？快拿，快拿，好传经给你。

唐僧吃了一惊：啊？弟子不曾备得。

迦叶和阿傩说：怎么？要我们白给呀？

唐僧完全不知该如何应对。

孙悟空跳起来嚷嚷说：师父，不跟他们啰唆！我们去告诉如来，教他自家来把经给老孙。

阿傩说：喊什么！这是什么地方，也敢撒野？

这才把经书给了唐僧师徒。

不过，全是白纸，上面一个字都没有。

官司打到如来那里，如来却说佛家提供的原本就是有偿服务。他说，经不可轻传，也不可空取。你如今空手来取，所以传了白本。白本者，乃无字真经，倒也是好的。你们只认得有字的，那就传这种吧！

回到藏经楼，迦叶和阿傩仍然坚持要好处费。唐僧无奈，只好让猪八戒将唐太宗送的紫金钵盂交出，才换了有字的经书，总算完成取经的任务。

这当然是小说，靠不住的。

但是有意思。

意思在如来的那句话：

白本者，乃无字真经，倒也是好的。

这里面确实有问题。

既然白本乃无字真经，为什么还要传有字的？

对此，冷眼旁观的燃灯古佛倒有解释：东土的僧侣和信徒愚迷，没法传给他们无字真经。

有眼无珠不识货啊？

没错。

照这么说，无字的更好？

应该是的。

那么请问，为什么白本白送，有字的要钱？

答不上来了吧？

让迦叶和阿傩送经书也很奇怪，因为他俩被说成是禅宗的祖师爷。禅宗主张不立文字，他们拿出的经书当然一片空白。所以孙悟空一状告到如来那里，如来才会笑着说：白本者，乃无字真经，倒也是好的。

那么，如来派错人了吗？

也不。

其实禅宗自己也说，佛祖圆寂后，把众人召集起来编撰佛经的，就是摩诃迦叶。应迦叶邀请，最先在集会上诵出“如是我闻”并得到认可的，则是阿难陀。换句话说，迦叶和阿傩是佛经编辑委员会正、副主任。唐僧要取有字真经，不找他们两个要，找谁？

问题在于，这怎么是不立文字？

事实上，拈花示众只是一个好听的故事。禅宗也是中国化的佛教，甚至是中国哲学。佛教中当然有禅，它的梵文叫 Dhyana，音译禅那，本义是静虑，也就是安安静静地坐在那里思考，所以也叫禅定或坐禅。

何况，定（Samadhi）的意思是专注，与禅合为一体才叫禅定。这样一种修持的方法跟鲜花和微笑八竿子打不着，更没有什么“教外别传”的意思。

也只能姑且听之。

接下来，便轮到菩提达摩出场。

本节故事见《西游记》第九十八回，《五灯会元》卷一

跟他讲不清

菩提达摩又译菩提达磨。

他是在广州登陆的。

据说，此公是印度禅宗的二十八祖。正是他把禅宗带入中国，所以被尊为中国禅宗的初祖。

菩提达摩是印度人，也有人说是波斯人。外来的和尚总是会念经。

这位外来和尚到达中国的时间是南梁普通七年（公元 526 年）的九月二十一日。而且在登陆一年后的十月一日，被朝廷客客气气请到了今天的南京。

南京当时叫金陵，是南梁的首都。

当时的皇帝，是梁武帝。

梁武帝是当时最大的佛教赞助商。就在菩提达摩到达中国半年后，他第一次舍身同泰寺，也就是宣布要舍去凡身，供奉佛祖，不当皇帝，改做和尚。

朝廷只好花了一个亿把他赎回来。

这其实是胡闹。

国不可一日无君。舍身可以，先让皇位啊！

何况这笔钱并不是他的私房，而是民脂民膏。捐款也并非为了弘扬佛法，而是求福报。这家伙认为，学佛就像做生意，投入越多，产出越大。所以，他后来还要多次舍身，用公款给自己在佛国买“期货”。

显然，作为皇帝，他是混蛋。

作为信徒，他是菜鸟。

梁武帝自己，却认为功德无量。

因此，听说菩提达摩来了，他很兴奋。因为那位高僧是外来和尚，见多识广神通广大，应该能够为他投资的回报做个估值。

他哪里想得到，菩提达摩是来说禅的。

禅宗连文字都不要，又怎么会帮他算账？

两个人的对话，也就无异于鸡同鸭讲。

梁武帝问：朕即位以来，建寺庙，抄经书，度僧人无数，呵呵呵呵，不好意思，请问有何功德？

菩提达摩说：并无功德。

梁武帝大吃一惊，问：为什么？

菩提达摩说：因为都是影子。

武帝问：那你说，如何是真功德？

达摩说：这个世上求不来。

梁武帝又问：那么，神圣真理的第一条是什么？

菩提达摩说：空寂孤独，没有神圣。

武帝说：回答朕问题的又是谁？

达摩说：我不认识。

梁武帝更加听不懂，完全傻掉了。

其实，这里面的道理并不难懂。

只不过，还得再讲故事。

本节故事见《五灯会元》卷一

真真假假

某天，佛祖拿出一颗摩尼珠。

摩尼珠又叫如意宝珠，底部是莲花座，四周是燃烧的火焰，中间的宝物五彩缤纷。

佛祖问：此珠什么颜色？

众人七嘴八舌，说青，说黄，说红，说白。

佛祖将珠收起，摊开手掌又问：什么颜色？

众人说：没有珠子，哪有颜色？

佛祖叹息说：给你们看世珠，你们说五光十色。给你们看真珠，你们却不见颜色。

众人恍然大悟。

这个故事什么意思啊？

当然是打比方。

世珠，就是肉眼能见的珠子。

真珠，则只有佛眼才能看见。

或者说，寻常看不见。

看不见才是真珠，也才真实，这就叫：

实相无相

这是佛教也是禅宗的一个重要概念或者观点。按照这种观点，我们生活的这个世界，由真实的和虚幻的两种存在组成。或者说，有真实和虚幻的两面。

虚幻的，叫**色相**。

真实的，叫**实相**。

实相才是真实，也才是本质，所以也叫**真如**。

比如佛祖，就既有**色身**，又有**法身**。

法身才是真身，也才是实相。

实相无相，当然看不见。

因此，每个人也都只认识假我，不认识真我。

就连建寺庙，抄经书，度僧人，都虽有非实。

福报之类，更是色相。

所以菩提达摩说梁武帝没有功德。

可惜梁武帝不懂。

如此鸡同鸭讲，只好分道扬镳。梁武帝依然去种他的福田，菩提达摩则渡过长江继续北上。据说，他随手折了一根芦苇，站在上面便飘然而去。

这就叫：

一苇渡江

后来也有人说，不是一根芦苇，是一捆。

一根不行，一捆就行吗？

也不靠谱。

可以肯定的是，菩提达摩到了洛阳。

洛阳是北魏首都和佛教圣地，胡太后修建的永宁寺更是美轮美奂。那里旗幡如林，香烟如雾，飘散的金花在阳光下熠熠生辉，梵乐和诵经之声响彻云霄。达摩站在寺中的塔前，情不自禁地顶礼膜拜合掌数日。

但最后，他还是选择了一个山洞。

山洞在河南省少林寺背后的嵩山。菩提达摩在那里一动不动，面对洞壁坐了很久，就连小鸟都要在他肩膀上筑起巢来。达摩却终日默然，一言不发。

这就叫：

面壁九年

奇怪的是，尽管菩提达摩在山洞里与世无争地面壁修行，却有人要谋杀他，五次三番前来下毒。看来佛门也非净土，是江湖就有凶险。到第六次，菩提达摩决定吃下那毒药，并被安葬在熊耳山。

三年后，却有人声称看见了他。

看见菩提达摩的人名叫宋云，是北魏外交官。当时他出使西域，没有得到菩提达摩圆寂的信息，却在葱岭也就是帕米尔高原遇见这位高僧翩然而至。

达摩的手上，拎着一只皮鞋。

宋云双手合十问：大师要到哪里去？

达摩说：回西天。

宋云回到洛阳，向朝廷报告了这件事。众人听了将信将疑，决定开棺探个究竟。结果，他们发现菩提达摩的棺木中空空如也，只有一只皮鞋。

这就叫：

只履西归

一苇渡江，面壁九年，只履西归，这位非比寻常的菩提达摩法师，究竟是神还是人？

当然是人，只不过被神化了。

所以后面的故事，也只能姑妄听之。

本节故事见《五灯会元》卷一，《景德传灯录》卷三

袈裟与钵盂

达摩西归前，已经指定了接班人。

他叫慧可，是在达摩面壁时拜师的。

当时天降大雪，达摩坐在洞内一动不动。

慧可站在洞外也一动不动。

直到黎明时分大雪没过膝盖，还是不动。

达摩不禁心生怜悯。

他问：你如此这般，要求什么？

慧可流泪说：愿大和尚慈悲，普度众生。

达摩说：这不是一般人做得到的。

慧可二话不说，抽刀砍断了自己的左臂。

达摩问：你为什么要学佛？

慧可说：我的心不安。

达摩说：把心给我，我帮你安。

慧可说：我不知道心在哪里。

达摩说：已经给你安放好了。

慧可豁然开朗，大彻大悟。

不过，达摩还是给了慧可两件东西。

第一件，是木绵袈裟。

木绵其实就是棉花，不是又叫英雄树的木棉。木绵袈裟的那个绵，偏旁是丝，本义是丝绵。中国古代只有蚕丝做成的丝绵，没有地上长出的棉花。所以，棉花从印度传入中国后，中国人便把它看作木本的丝绵。

这就叫木绵，当然是稀罕物。

更稀罕的是，这件木绵袈裟据说还是释迦牟尼佛祖交给摩诃迦叶，又传到菩提达摩手里的。这当然非常不靠谱。二十八代相传，木绵袈裟早就烂了。

烂不了的，只有紫金钵盂。

这是第二件信物。

紫金钵盂也是佛祖给的。他把这衣和钵交给了摩诃迦叶，摩诃迦叶传给阿难陀，最后落到第二十八代祖师菩提达摩手里，又交给慧可。如此传承，就叫：

衣钵相传

得到袈裟和钵盂的，则叫：

衣钵传人

正式的说法，叫：

法嗣

问题是，为什么要有这袈裟和钵盂？

因为禅宗不立文字，代代相传靠心心相印，这就难免会有问题。难道历代掌门交班，都靠拈花一笑？口说尚且无凭，微笑岂能算数？不好办啊！

因此，主张心传的禅宗反倒更要物证。

用达摩对慧可的话说就是：

内传法印，以契证心；
外付袈裟，以定宗旨。

这十六个字的意思是：

内传正法以印证如来的佛心。

外传袈裟以表示师承的不妄。

慧可也因此成为中国禅宗的二祖。

不过到六祖惠能之后，衣钵就不再相传，紫金钵盂也莫名其妙到了唐太宗手里，又给了唐僧。当然，这是小说家言，靠不住的。要知道，历史上的玄奘法师去往西天取经并未得到唐太宗授权，怎么会有这东西？

当真有，如来也不会要。

白本白送，有字的要钱，原来是阿难陀要把那紫金钵盂收了回去，这倒是物归原主。

总之，在中国禅宗成立之初，木绵袈裟和紫金钵盂都是传法的物证，也是法嗣的身份证明。法嗣们代表的系统无论思想上和组织上都是正统，也叫正宗。

不过谁都没想到，那衣钵会惹出大麻烦。

本节故事见《五灯会元》卷一，《景德传灯录》卷一，但两书都只提到袈裟，钵盂的来历见《旧唐书·神秀传》

接班人是大问题

菩提达摩将衣钵传给慧可，慧可就成了中土禅宗的二祖。此后的序列，慧可传僧璨，僧璨传道信，道信传弘忍，弘忍成为中国禅宗的第五祖。

时间，是在唐初。

禅宗，也已经成了气候。

弘忍是被道信一眼看中的。

说起来也是缘分。当时，道信法师正好有事去黄梅县城，没想到在街头遇见了弘忍。那个时候，弘忍年方七岁，正随母乞讨。然而道信却看出他骨相奇秀，异乎寻常。如果考核合格，应该收为徒弟。

于是道信问：小朋友，贵姓啊？

弘忍说：姓倒是有，但不一般。

道信问：那是什么？

弘忍答：佛性。

佛性的性并不是姓氏的姓，谐音而已。但小小年纪便能如此对答，道信不能不暗暗叫好。

于是又问：难道你自己就没有姓吗？

弘忍说，性空，故无。

没错，实相无相嘛！

道信立即刮目相看。的确，作为穷苦孩子，弘忍可能连姓都没有。但，能够由自己的身世联想到佛法，还知道在佛法看来姓氏不过是色相和假名，也很了不得。

这就是“未入佛门，已然成佛”了。

至少，能说明弘忍有慧根，甚至是法器。

慧根，就是领会佛法的天赋。

法器，则是具有传承佛法才能的人。

当然，他最后也接过了道信的衣钵。

因此，到弘忍七十一岁那年，自觉不久于人世的他决定为自己选择法嗣时，门槛便不可能低。何况，这时禅宗的地位早就今非昔比，祖师的衣钵也成了暗中争夺的对象。选非其人或处理不当，后果都很严重。

老和尚的办法是竞争上岗。

按照当时的规矩，传法要作偈。

禅师以此指点迷津，学徒以此汇报心得。

这就叫：

示法偈

于是，弘忍便对弟子们宣布：你们都各自依照本性作偈来看。谁最有觉悟，衣钵和佛法就传给谁。

结果，很快就有人交了作业。

这个人就是神秀。

神秀是弘忍的大弟子，河南开封人。他从小就饱读诗书，博闻强记，入寺后又从砍柴挑水做起，脚踏实地潜心学佛，此时位居上座，可以为受戒者传授礼仪。

事实上，神秀后来的成就也很大。他是禅宗北宗的开山祖师，九十多岁时还被武则天请去，在洛阳和长安两地弘扬佛法，为女皇陛下以及她的两个儿子唐中宗和唐睿宗启迪智慧，史称两京法主、三帝门师。

所以，他要交作业，没人敢竞争。

神秀的偈是：

身是菩提树，心如明镜台。

时时勤拂拭，莫使惹尘埃。

菩提是梵文 Bodhi 的音译。

意思有两个：

对于真理的觉悟。

修成正果的智慧。

菩提树则是一种常绿的榕属乔木，树名原本叫作毕钵罗。由于释迦牟尼觉悟成佛据说是在此树之下，所以管它叫菩提树，也就是智慧树的意思。

后来，树的种子也被用来做念珠。

神秀的意思也很清楚：身体就像菩提树，心灵好比明镜台。只有保持内心的洁净，防止精神的污染，才能达到一尘不染、通透澄明的境界。

此偈一出，僧徒们都暗自钦佩。

弘忍表面上也叫好。按照流行的说法，神秀的偈是半夜三更写在法堂外走廊墙上的，而且是匿名。第二天早上弘忍看见，便对弟子们说：你们焚香礼拜吧！诵读此偈，可以免灾，可以得福。

结果，寺庙中几乎人人都在诵念这首偈子。

弘忍却并没有传衣钵。相反，他在半夜三更将神秀叫进方丈室，问：那则偈子是你写的吗？

神秀说：望和尚慈悲，看看弟子有没有智慧。

弘忍说：唉！你这是尚未入门啊！

显然，老和尚深感失望。

失望是肯定的。因为禅宗主张实相无相，神秀却又是菩提树，又是明镜台，还要时时拂拭清洁，请问这是四大皆空，还是到处都有？全是色相啊！

唯一交卷的，考试不及格。

接班人立马成了问题。

幸运的是，墙壁上很快又出现了一偈。

而且，简直就是唱对台戏。

偈云：

菩提本无树，明镜亦非台。
本来无一物，何处惹尘埃。

回头再看神秀的，不用多说，高下立判。

但是麻烦也来了。

因为写这偈的人非同寻常。

本节故事见《五灯会元》卷一，《六祖坛经·行由品》

惠能的故事

人人都有成功的可能

幡在风中,
风在空中。
位我上者,
灿烂星空。

空是不空,
不空是空。
一轮明月,
在你心中。

文盲考了第一名

第二首偈的作者叫惠能。

惠能原本是河北范阳（今涿州）人，俗姓卢。据他的弟子法海为《六祖坛经》写的序，这名字是一位得道高僧在惠能年幼时取的，意思是惠施众生，能作佛事。

据此，则他的本名是卢惠能。

这就好比孙悟空，用的也是本名，悟空不是他后来的师父唐僧取的。反倒是八戒和沙僧两位师弟，跟着他变成“悟”字辈，叫猪悟能和沙悟净。

同样，惠能这两个字也非弘忍所赐法号。

有些书写成慧能，恐怕不对。

这是个苦孩子。

说起来惠能原本是个官二代，只不过他的父亲不但被罢了官，还被流放到岭南（今广东省）新兴，不久就撒手人寰。三岁丧父的惠能随母亲迁徙到南海，靠上山砍柴艰难度日，孤儿寡母相依为命。

直到二十四岁时，他的命运才得到改变。

那天，惠能在街上卖柴，无意中听到有人诵经。

惠能心中一动，问那诵经人：先生读的是什么？

诵经人答：《金刚经》。

惠能又问：先生从哪里学来的？

诵经人答：黄梅县东禅寺弘忍大法师。

惠能说：我也要去学。

这并不容易。幸亏有位好心的居士见他心诚，赞助了他十两银子。惠能用这笔钱安顿了老母亲，然后千辛万苦从岭南北上到今天的湖北，去见五祖弘忍。

结果，他刚到东禅寺，就让弘忍刮目相看。

弘忍照例问：你从哪里来？

惠能答：岭南。

弘忍又问：想干什么？

惠能答：做佛。

弘忍说：岭南人野蛮，怎么能学佛？

惠能反问：人有南北，佛性也有吗？

弘忍心里一惊：肉身菩萨来了。

同时他也明白，这事不能张扬。

何况旁边还围了许多人。于是弘忍当众呵斥：你这蛮子伶牙俐齿！少废话，到厨房劈柴去。

而且，既不回答问题，也不为他剃度。

剃度是什么？

就是剃去头发胡须，表示度越生死，是佛教徒正式出家的手续。不剃度就不是僧人，所以这时的惠能还只是东禅寺的临时工，俗称行者，就像武松。

这可是历史上最牛的临时工。

八个月后，弘忍宣布以示法偈选定接班人。

他的眼睛，也许在悄悄看着惠能吧？

惠能果然一鸣惊人。

实际上，神秀的偈写出来以后，弘忍不满意，惠能同样不以为然。但是全寺僧徒都在唱诵神秀的偈。正在厨房里面干活的惠能听到了，决定也写一则。

可是，他不认识字，也没人理他。

正好，寺里来了一位官员，江州别驾张日用。

惠能就对张日用说，张别驾，我也有一则偈。但我不认识字，你帮我写在墙上吧！

张日用说：你也写偈？这倒稀奇！

惠能就说，张别驾啊，话可不能这么讲呢！要知道佛法无边，众生平等，平等才能修成正果，学佛的怎么能瞧不起人呢？这可是有无量无边之罪的啊！

而且，惠能还说了一句非常有名的话：

下下人有上上智，上上人有没意智。

哈哈！卑贱者最聪明，高贵者最愚蠢。

没错，就是这个意思。

张日用也吃了一惊，便拿起笔说，好好好，我帮你写就是！不过，你要是得了道，得先度我。

惠能就诵出偈来：

菩提本无树，明镜亦非台。
本来无一物，何处惹尘埃。

果然不同凡响。

弘忍则既欣慰又为难。欣慰的是后继有人，为难的是不好处理。毕竟，惠能只是厨房里的勤杂工，连头发都没剃，顶多算是旁听生。如果仅凭一则偈子就指定他为接班人，不要说神秀不服，恐怕也难服众。

更让人哭笑不得的是，惠能是个文盲，或者声称是文盲。尽管禅宗主张不立文字，但让这样一个人做宗师似乎也太出格。何况神秀众望所归毋庸置疑，惠能是不是透彻了悟却很难讲，你怎么知道他不是碰巧呢？

老和尚决定再试一把。

于是弘忍悄悄来到厨房。

惠能呢？腰里绑块石头正在踏碓舂米。

舂读如冲，意思是捣粟去壳。我们知道，稻子收割以后，米粒外面是有硬壳的，不能吃，必须把硬壳去掉才行。古代没有机器，去壳靠舂，也就是把稻粒放进石臼（读如旧）里，再用木槌去捣。

惠能的脸上没有任何表情。

弘忍问：你这个米好了没？

惠能说：早舂好了，只欠一筛。

这是双关语——筛字下面是师。

意思是：我早就开悟，只是还没拜师。

弘忍懂了，拿起禅杖在石碓上敲了三下。

惠能也明白，三更时分进入了方丈室。

弘忍便为他悄悄开讲《金刚经》。

讲到一半，惠能突然大彻大悟说：

众生的本性原来清净。
众生的本性不生不灭。
众生的本性具足佛性。
众生的本性不可动摇。
众生的本性包罗万象。

弘忍也马上明白：禅宗六祖非他莫属。

于是当即传给他钵盂和袈裟。

弘忍还说，初祖西来时，没人听他的话，这才要有信物。现在立足已稳，不可再传。衣钵本是争端，传那衣钵便命若悬丝。此处不可久留，快走快走！

师徒二人连夜来到江边。

上船以后，惠能说：和尚请坐，弟子摇橹。

弘忍却不肯。

他说：本该我来度你。

这又是一语双关。佛家主张慈航普度，度人也正是为师的职责所在。度与渡谐音。渡惠能过江，就是度他到彼岸，度他到佛国，度他到光明世界。

惠能却说：迷时师度，悟了自度。

意思也很清楚：弟子还不明白的时候，感谢师父来度我。现在已经开悟，当然自己度自己。

这话很对。

觉悟是每个人自己的事。

弘忍连连点头，欣慰地一声长叹：是这样，正是这样啊！三年以后我会圆寂，佛法就靠你弘扬了！

师徒二人就此别过。

没有史料记载惠能如何回答弘忍，只知道辞别恩师后他就一路南行，然后隐姓埋名，潜伏下来，直到自己认为时机成熟之日，才公开亮明身份。

为什么要隐姓埋名呢？

因为很多人对他不服气，还有很多人盯住了钵盂和袈裟。实际上按照惠能自己的说法，他离开东禅寺以后竟然有好几百人来追他。其中最先追上的，是四品将军出身、性情粗暴的同门师兄惠明。

惠能便将衣钵放在石头上。

结果，惠明怎么也拿不动。

这当然未必可靠。

但，佛门不清静，江湖有凶险，是实。

惠能也只能耐心等待。

那么，他等了多久？

十五年。

本章故事和引文均见《六祖坛经·行由品》，《五灯会元》卷一，《景德传灯录》卷三及卷五

都是你们心动

惠能现身是在广州法性寺。

时间是唐高宗仪凤元年（公元676年）正月初八。

那天有风。寺庙里面的幡（旗帜）翩然起舞，扣人心弦。刚刚听完住持印宗法师讲课的一众僧人，便七嘴八舌地讨论起风和幡为什么会动的问题。

问：幡是无情物，没有意识，怎么动？

答：风吹幡动。

又问：风也是无情物，怎么会动？

有人说：因缘合和。

也有人说：幡不动，风自动。

这时，一直混在人群中默默旁听的惠能却突然站了出来。他对众僧大声说道：不要争了。什么风动，什么幡动，不过都是你们心动！

正在一旁休息的印宗法师大吃一惊。

吃惊并不奇怪，因为佛教最看重的就是心，认为一切皆由心造，万法皆由心生，所以管它叫**心地**，意思是心灵就像土地，可以生长万物。现在我们经常说，某某心地善良，或者心地狭窄，这“心地”二字就从佛教来。

还有**心田**，也是佛教名词，意思跟心地一样。

这样看，风动幡动，岂非都是心动？

不过，如此透彻了悟，一般人做不到。

能说出这话的，必是肉身菩萨。

于是印宗客气地把惠能请进方丈室，继续探讨风幡问题。惠能也不含糊，从容不迫将原理慢慢道来。印宗越听越入迷，越听越激动，竟不知不觉站起来说：早就风闻黄梅的衣法到了岭南，莫非就是行者您？

黄梅就是弘忍，衣法则指衣钵和佛法。

这话的意思是：莫非您就是禅宗六祖？

惠能说：不敢。

印宗说：请出示衣钵，以告众人。

惠能这才把衣钵拿了出来。

印宗问：黄梅有什么指教？

惠能说：没有指教。

印宗问：为什么没有？

惠能说：因为禅定解脱都是二法，不是佛法。

印宗问：什么是二法？什么是佛法？

惠能说：人们都说有常有无常，有善有不善。这其实就是有分别心，也就是二法。佛性却既不是常，也不是无常；不是善，也不是不善。只要能够真正明白常与无常、善与不善并无区别，便是不二之法。

不二之法就是佛法，不二之性就是佛性。

由此留下一个成语，叫：

不二法门

法门，是通往最高智慧的道路。

后来，这个词就指最好或唯一的途径。

印宗听了满心欢喜。他说，印宗凡夫俗子，以前讲的都是瓦片，行者您讲的才是真金。

当下就要拜惠能为师。

惠能说：我的头发还没剃呢！

印宗便为惠能剃度，然后再拜惠能为师。

一个文盲，就这样成为祖师爷。

禅宗也从此分为两支。

惠能在岭南创立的叫作南宗，而神秀代表的则称为北宗。但，最终风行于天下的是南宗。南宗代表了禅宗，提到北宗的时候才需要特别加以说明。

衣钵也不见了。神秀没有，惠能不传。法嗣也不再只有一个，惠能门下就有好多名。而且，只要他们找到得力的传人，就能开宗立派，自成体系。

结果是什么呢？

佛祖手里那朵花，开遍了中华大地。

这是划时代的事情。

于是我们不能不问：惠能真的是文盲吗？

假文盲与真大师

惠能恐怕是识字的。

实际上，早在去黄梅拜见弘忍的路上，惠能便已经给一位法号无尽藏的尼姑讲解佛经。老太太诵读《涅槃经》时，惠能就边听边解释某句话是什么意思。

尼姑便拿起经书问字。

惠能说：字不认识，意思只管问。

尼姑说：你连字都不认识，怎么知道意思？

惠能却说：佛法与文字无关。

后人说惠能是文盲，依据就在这里。

这事可疑。惠能如果当真一字不识，怎么知道筛字的下面是师字？更何况佛经那么生涩难读，识字的尚且未必能够看懂，听听就能明白？

看来，实际情况很可能是：惠能识字不写字。

或者不会写，或者不想写。

不想写也有两种可能。很可能是写不好，更可能是坚持禅宗“不立文字”的宗旨。他对那尼姑说得非常之明确：诸佛妙理，非关文字。不写，才对。

当然，也可能真不会写。

但不管真相如何，意义都很重大。

是啊！一个文盲如果都能够成为祖师，岂非更加证明了禅宗和所有大乘佛教的共同主张：

众生皆有佛性，人人都可成佛。

这个观点极其重要。

我们知道，在佛教看来，生命体无非两大类：佛与众生。我们普通人，就是众生之一。

那么，众生与佛，有什么区别？

佛在彼岸，没有烦恼和痛苦。

众生则是很苦的。皇帝怕篡位，官员怕免职，商人怕赔本，盗贼怕杀头，谁家没有难念的经？我爱的名花有主，爱我的惨不忍睹，岂不是苦？何况那苦难还与生俱来，也没有边际和尽头，因此叫：

苦海无边

所以，释迦牟尼才立下宏愿，要帮助所有的生命体都脱离苦海，走向清净自在、没有烦恼的彼岸。

这就叫：

普度众生

学佛、参禅和修行，就是为了实现这个目的。

不过这样一来，就有了一个问题：

众生可能被普度吗？

如果可能，学佛和传法就有意义。

相反，则会被视为吹牛。

那么，可能不可能，关键在哪里呢？

众生是否有佛性？

某些宗派认为没有。因为佛性也叫作佛陀本性或者如来性，是人与佛的本质区别。也就是说：

佛的本性是佛性。

人的本性是人性。

佛性既然是佛的，就不可能是人的。否则，佛与人有何区别，我们又为什么要拜佛？

但，如果众生没有佛性，又岂能成佛？

不能成佛，又如何脱离苦海？

那么，原来没有，就不能变成有吗？

不能。石头长不成树，浇再多水也没用。

给你一颗种子呢？

也许能，也许不能。

这就对了。

佛，就是佛性种子长成了大树。

众生，则是没长成的。

但，众生不是石头，也不能是石头。

石头长不成树，也成不了佛。因此禅宗认为，如果普度众生是可能的，那就得承认众生也有佛性，他们的心里也原本就蕴含着种子，这就是：

成佛的可能性

所谓佛性，必须这样重新定义。

而且，如果是可能性，那就每个人本来都有。

换句话说：

人人都有成功的可能。

这就是禅宗给我们的启迪。

剩下的问题也只有一个：为什么有人成功，其他的却长不成大树？我们又怎样才能把可能变成现实？

这正是后面要讲的。

觉悟的故事

智慧只能靠启迪

佛前一盏灯，
人间万盏灯。
心中一盏灯，
天上万盏灯。

心也不是心，
灯也不是灯。
心也就是心，
灯也就是灯。

坐禅没有用

怀让走进禅房时，马祖道一正在打坐。

这是佛教史上的两个著名人物。怀让是六祖惠能的法嗣之一，由于弘法的道场在南岳衡山，所以又叫南岳怀让。道一则是他的得意门生，不过这时入学不久。

因此，跟别人一样也坐禅。

其实这不奇怪。因为禅（Dhyana）又叫禅那，梵文的本义是静虑，英文通常翻译为Meditation，意思是沉思或者冥想。

所以在一般人看来，坐禅就是心无旁骛，一动不动地坐在那里，眼观鼻，鼻观心，简直就像发呆。

发呆也不错，至少没有乱七八糟的念头。运气好的话，还会有飘然欲仙或灵魂出窍的感觉，甚至产生灵感。哲学家和艺术家喜欢发呆，道理就在这里。佛门弟子往往都要学习打坐，原因也在这里。

可惜，这不是禅宗的禅。

老是傻乎乎地坐在那里，也成不了佛。

于是怀让问：年轻人，你坐禅，图什么？

道一说：成佛。

南岳怀让便找了块砖头，在墙上磨。

道一问：和尚磨砖干什么？

怀让说：做镜子。

道一说：磨砖岂能成镜？

怀让说：磨砖不能成镜，坐禅岂能成佛？

道一问：那要怎么样？

怀让说：牛车不动，该打车，还是打牛？

道一答不上来。

怀让说：你自己好好想清楚，到底要干什么？

如果学禅，禅非坐卧。

如果学佛，佛无定相。

像你这样，不是学佛是杀佛。

马祖道一如醍醐灌顶，顿悟。

南岳怀让为什么这样说？

因为参禅的目的是成佛。

那么，成佛是变成佛的样子吗？

不是。

没错，佛像是有样子的。有的坐着，叫坐佛；有的躺着，叫卧佛；当然还有站着的，叫立佛。一般人看到这些佛像，便以为成佛就是变成这个样子。

可惜错了。

为什么呢？

因为这些都是佛的**色身**，不是**法身**。

色是表面现象，法才是内在本质。只见表面，不见本质，不但没有成佛，反倒是糊涂虫。

那么，佛的本质特征是什么？

觉悟

实际上，佛是佛陀的简称，也是梵文 Buddha 的音译，意思是**觉悟的人**。只不过，觉悟以后，他就不再是一般人，也不是众生了。所以，汉字就写成了半边表示否定，半边表示是人的**佛**。

佛，是人，同时又非人。

当然，也不是神仙。

神是只有灵魂。

仙是肉体飞升。

佛是思想转变。

转变了，还是人。

关键，是觉悟。

佛教，就是主张觉悟的宗教。

觉悟也有三个要求：

自觉：*自己觉悟。*

觉他：*让别人、让众生觉悟。*

觉行圆满：*无论所思和所得，度己和度人，自觉和觉他，思想和行为，都完美无缺。*

三条都没有，是**众生**。

能够自觉的，是**罗汉**。

自觉觉他的，是**菩萨**。

全都做到的，是**佛**。

佛、菩萨、罗汉，是从高到低的三个**果位**。

果位，就是修成正果的不同境界。

境界高低，只看觉悟程度。

至于成佛的时候，以及成佛以后是什么样子，无关紧要。佛，可以有各种样子，还可以没有样子。

没有样子，也是样子。

这就叫佛无定相。

佛的法身没有样子，参禅就一定要打坐吗？

也不一定。

这就叫禅非坐卧。

佛无定相，就不要见样学样。

禅非坐卧，就不必死守戒律。

那该怎样？

禅宗的主张是：

直指人心，见性成佛。

这句话的意思是：绕开繁文缛节，直截了当地指向心灵深处，发现每个人原本就有的佛性。

这就叫觉悟。

觉悟之时，也就成佛了。

既然如此，为什么一定要打坐呢？

坐卧只是车，心灵才是牛。

但，如何让牛动起来，道一还是不清楚。

于是怀让对他说，明白“直指人心，见性成佛”的微妙法门，就是种下了种子，需要的只是天泽。这里面没有成败得失。纠结成败得失，就见不到菩提智慧。

因此怀让的示法偈是：

心地含诸种，遇泽悉皆萌。
三昧华无相，何坏复何成？

这段话里面，三昧就是定，即专心致志。天泽则是雨露，是种子长成大树的条件。种子是佛性，没有雨露不能成长，所以佛家把佛祖和师父的教化叫作：

法雨

只不过，那法雨有时候是火。

本节故事见《五灯会元》卷三，法雨一词出自《妙法莲花经·普门品》，三昧的解释见《大智度论》

谁来点燃心中的灯

德山宣鉴是在瞬间开悟的。

宣鉴是惠能一脉的第六代。简单地说，就是六祖惠能传法青原行思，青原行思传法石头希迁，石头希迁传法天皇道悟，天皇道悟传法龙潭崇信。龙潭崇信再传德山宣鉴，时间是在唐末。

不过，宣鉴原本是禅宗的反对派。

他说，我们出家人千辛万苦，皓首穷经，尚且不能修成正果，岭南那野蛮人（指六祖惠能）却胡说“直指人心，见性成佛”什么的，天底下哪有这种道理？

于是，宣鉴便挑了一担经书，去龙潭寺找崇信禅师辩论，扬言要直捣龙潭，剿灭禅宗。

然而走到半路，就挨了一棒。

当时，一位老太太在路边卖烧饼。

德山宣鉴上前施礼。

烧饼婆婆问：法师有什么事？

德山宣鉴说：买点心。

烧饼婆婆问：法师挑的是什么书？

德山宣鉴说：《青龙疏钞》，研究《金刚经》的。

烧饼婆婆说：好好好！我有一问，答得上来，点心白送；答不上来，别处去买。

德山宣鉴想，我还怕你问？

于是说：请讲！

烧饼婆婆说：法师满腹经纶，想来应该知道《金刚经》上有句话，过去心不可得，现在心不可得，未来心不可得，请问法师要点哪个心？

德山宣鉴瞠目结舌。

想想也是，一个烧饼婆婆的问题都回答不了，读那么多经书又有什么用？因此到了龙潭寺，这位来势汹汹的禅宗反对派，其实已经成了强弩之末。

不过，宣鉴进入大堂，还是雄赳赳气昂昂。

他大声嚷嚷说：贫僧久闻龙潭寺大名，不曾想今日来到此地，却是潭也不见，龙也不见。

崇信却一点都不生气。

他欠了欠身说：法师不是来了吗？

这话可以有两种理解。

比如，尽管敝寺没有潭也没有龙，法师却屈尊亲自来了，岂不是潭也有了，龙也有了？或者说：既然敝寺潭也不见，龙也不见，法师为什么还要来？

无论哪种，宣鉴都接不住招，只好行礼。

当然，他也留了下来。

某天晚上，宣鉴侍立在龙潭崇信身旁。崇信见天色已晚，便让他回房间去。当时夜深人静星月全无，宣鉴走出门外，忽然掉过头说：天太黑。

崇信便为他点燃了烛火。

宣鉴伸手去接。

崇信一口吹灭。

宣鉴顿时开悟，倒头便拜。

第二天，宣鉴当众一把火烧掉了随身携带的经书和笔记，彻底皈依了禅宗。后来，他成为禅宗的重要代表人物之一，故事很多，将来还要再讲。

问题是，从点烛到吹火，不过片刻间简简单单两个动作，宣鉴怎么就觉悟了呢？

这就牵涉到一个概念：

传灯

传灯是概念也是仪式。因为在佛家看来，佛法就像灯火，可以照亮人心，照破黑暗，因此，他们把传法叫作传灯，把佛法相传称为如灯传照。传灯法会上，信众还会手捧莲花座灯互相传递，意为让慈光普照世间。

所以，崇信点燃烛火，就意味深长。

没错，他是在传灯。

不过，要理解这点，必须知道禅师传法跟数学老师上课完全不同。后者一是一，二是二。前者相反，一不是一，二不是二。禅师的动作说话都有言外之意，或者说都隐含着让人觉悟开窍的暗道机关。

发现暗道，触动机关，就会顷刻间柳暗花明，豁然开朗，悟得禅意，心明眼亮。

这就叫：

禅机

不妨把前面的场景回放一下。

宣鉴说天太黑。

言外之意为：这世界太黑暗。

崇信点燃烛火。

言外之意为：佛法就是明灯。

那么，为什么又一口吹灭了呢？

不吹灭，就没有言外之意。

道理也很简单。宣鉴说天太黑，很可能只是在陈述事实。如果崇信为他点燃烛火之后，宣鉴接过来举着回房间去，便没有后面的戏，当然也不会有什么禅机。

所以，必须吹灭，给他觉悟的机会。

有机会，才是禅机。

幸运的是，宣鉴开悟了。

这样一来，他说天太黑，才会有了这世界太黑暗的意思，点燃烛火也才意味着佛法就是明灯。而且更重要的是，宣鉴明白了这盏明灯原本就在自己心里，师父不过帮着点一下，所以还得吹灭。

烛火吹灭之际，便是心灯燃起之时。

没有这个觉悟，崇信也是枉费心机。

这就告诉我们：

机会都是自己抓住的。

因此，宣鉴心中那盏明灯，其实是自己点亮的。

但是没有崇信，就点不亮。

崇信不把那烛火吹灭，也不行。

自己的灯要别人来点，为了点灯又必须吹灯，这就是本案的奥秘所在。

当然，也是禅宗的智慧所在。

本节故事见《五灯会元》卷七

立地成佛

德山宣鉴皈依禅宗，是在唐末。

如果在唐初，他就没有这个运气了。那时禅宗还没兴起，佛教也不怎么受待见。尽管佛教在魏晋南北朝也曾红火，但，南朝四百八十寺，多少楼台烟雨中。

有个和尚就差点被杀。

此人名叫法琳，得罪的是唐太宗。

据记载，唐太宗在贞观十一年（公元 637 年）颁布命令，宣布道教的地位在佛教之上。这当然是出于政治的需要。因为被他们取代的隋是尊佛的，何况被道教尊为教主的老子据说还姓李，跟李唐算是一家人。

法琳却跳出来唱反调。

这和尚对唐太宗说，陛下的李氏出自鲜卑，与陇西李氏毫无关系，跟老子也八竿子打不着。大唐是胡人的王朝，应该尊奉胡人的宗教。何况鲜卑拓跋氏的血统比老子高贵多了，为什么要崇道抑佛呢？

法琳自以为得计，却没想到犯了大忌，李氏父子最痛恨的就是把他们看作胡人。勃然大怒的陛下将法琳打入死牢，下令说：口诵观音不是刀枪不入吗？那就让他在狱中好好念诵菩萨的圣号，七天之后再来试刀。

期满之日，执法官问：怎么样，念观音了吗？

法琳说：没有。贫僧不念观音。

执法官问：那你念什么？

法琳答：念陛下。

执法官说：你怎么念起陛下来？

法琳答：因为陛下就是观音。

太宗皇帝轻蔑地撇了撇嘴，将法琳流放到益州。

法琳死里逃生，佛教活下去却是问题。

问题有很多，比如僧尼见了皇帝不磕头，出家以后就不随父姓改姓释，不结婚更不生子，不纳税也不接受帝国的户籍管理，甚至还走来走去，号称游方。

这可真是无君无父，不忠不孝。

因此，不要说皇权政治容不得他们，就连许多主张儒家伦理的读书人都看不下去。而谁都知道，没有朝廷和知识界的宽容和支持，立足中华简直没门。

救得了佛教的，只有禅宗。

为什么呢？

因为禅宗认为，成佛就是觉悟。只要觉悟，任何人都可以成佛，与身份地位和生活方式无关，跟朝廷王法和伦理道德更没有冲突，帝国的统治者大可放心。

也就是说，禅宗绝不会添乱。

岂止不添乱，还能帮忙。

怎样帮忙呢？

把恶人变成善人。

前面说过，禅宗确立的一个重要宗旨，就是**众生皆有佛性，人人都能成佛**，佛与众生之间没有天堑。那么请问：这里说的佛性，恶棍和坏人有没有？

答案是有，因为匪贼也是众生。

更何况，如果都是圣人，普度就没有意义。

确实如此。事实上，**度得了恶人才是真普度，容得下小人才是真宽容**。所以，慈悲为怀不能看对象，普度众生不能设门槛，认定佛性当然也不能论善恶。

只要改邪归正，就能脱胎换骨。

而且门槛也低。

六祖惠能就说：

一念悟时，众生是佛。

换句话说，成佛只在刹那间。

比如弘忍的师父道信，当时在三祖僧璨门下不过是个沙弥，俗称小和尚，而且只有十四岁。然而仅仅只靠师父一句话，他就幡然醒悟，最后也修成正果。

僧璨问：你来学佛想要怎样呢？

道信说：求解脱。

僧璨问：谁捆住你了啊？

道信答：没有人捆住我。

僧璨说：没人捆你，要什么解脱？

道信大悟，于是入门。

如此说来，再苦再难也不要紧？

不要紧。

苦海无边，回头是岸。

作恶多端也没关系？

没关系。

放下屠刀，立地成佛。

抱歉，才没那么简单呢！

许多自以为觉悟的，其实还在门外。

本节故事见《续高僧传》卷二十五，《五灯会元》卷一
本节引文见《六祖坛经·般若品》

袈裟拖在地上了

某天，雪峰山上来了一位比丘尼。

这位法号玄机的尼姑，是浙江温州人。她去雪峰山，是要挑战雪峰禅师的。

雪峰问：师太从哪里来？

玄机答：大日山。

雪峰问：日头出了吗？

玄机答：出了就会融化雪峰。

雪峰马上知道来者不善，却又只能忍住，因为这在禅门本是常态。而且，这种挑战不但考验禅师的智商和修为，也是启迪智慧的一种方式。

于是他换个话题说：敢问师太法号？

答：玄机。

雪峰又说：请问一天织多少布？

答：寸丝不挂。

说完，玄机便施礼告退。

在她看来，这次挑战自己已经完胜。雪峰禅师想在她法号上做文章，故意把玄机的机说成是织布机。可惜既然是玄机，当然就像菩提本无树，什么都没有啦！

哼哼，看他还有什么话说！

那禅师果然不再搭话，只是客客气气地礼送玄机下山。然而走出山门才三五步，他就突然叫了一声。

雪峰说：玄机师太！

玄机问：什么事？

雪峰说：袈裟拖在地上了。

玄机马上回头看。

于是雪峰说，呵呵呵，好一个寸丝不挂！

哈哈，寸丝不挂，却有袈裟。

四大皆空，透彻了悟，哪有那么容易！

想不通的就更多。

某天，有人来到临济义玄的佛堂。

临济义玄也是六祖惠能一脉的第六代，只不过与德山宣鉴系统不同。德山宣鉴属于青原行思派系，临济义玄的祖师爷却是南岳怀让，也就是磨砖头的那个。

因此，义玄与宣鉴同辈，也齐名。

他俩的故事，后面都要再说。

现在先讲临济义玄遇到的那个人。

那人问：你这一堂僧人还看经吗？

临济义玄说：不看经。

那人又问：习禅吗？

临济义玄说：不习禅。

那人不懂：既不看经，又不习禅，都做什么？

临济义玄说：成佛呀！

那人完全傻掉了。

奇怪！不看经，不习禅，怎么成佛？

是的。不看经，不习禅，才能成佛。

这就是禅宗的观点。

为什么呢？

因为成佛是觉悟。

觉悟就是获得智慧，佛家叫：

无上正等正觉

无上就是最高，正等正觉是绝对真理。

获得这种智慧和真理，就是佛。

那么，为什么不看经，不习禅？

因为智慧与知识有区别：

知识属于社会，智慧属于个人。

知识可以传授，智慧只能启迪。

也就是说，知识可以共享和授受。它就像电脑里的数据，是可以录入的。一旦录入并且存储，你就拥有了这项知识，无论它是关于哪方面的。

而且，就算数据丢失，也能重新录入。

智慧却不能拷贝，永远属于每个人自己。哪怕最好的导师，也只能把学生变得有智慧。但即便如此，他的智慧跟你的智慧，也仍然是两回事。

而且，各归各，不能共享。

那么，怎样让学生获得智慧？

启迪

智慧只能启迪，它好比激活程序。程序被激活就叫觉悟，因此前提条件是那程序你自己有。这种自己原本就有，只是尚待激活的东西，在禅宗那里就叫**佛性**。

用哲学语言表述，则叫**潜在可能性**。

所以，获得智慧有两个条件，一是要有潜质，二是需要启迪。龙潭崇信的点火吹灯也非有不可，因为程序不能自己激活，当然更不能自己没有。

正如惠能所说：

我心自有佛，自佛是真佛。
自若无佛心，何处求真佛？

觉悟一定是每个人自己的事。

难怪怀让不主张坐禅。禅只是车，心才是牛。牛不肯走，打车干什么？佛就在你心中，怎么不去找？哈哈！当然了，牛若肯走，车也可坐，否则仍是没有觉悟。

觉悟之后，坐不坐就无所谓了。

当然，并非所有的牛都肯走，也并非所有的灯都点得亮。师父只能帮你点，不能帮你燃。能不能亮，要看情况。如果一点就亮，岂非满街都是菩萨？

咦！不是说众生皆有佛性吗？怎么会不亮？

因为佛性只是成佛的可能性，不是必然性。众生的心里也确实有灯盏，甚至有灯油，却未必有灯芯。没有灯芯便点不亮，这就是多数众生未能成佛的原因。

这根灯芯在佛家那里，就叫**慧根**。

启迪和慧根，缺一不可。

那么，有灯芯就点得亮吗？

也不一定。

灯芯如果湿了，也点不亮。

弄湿灯芯的叫**执念**，原因在**执迷**。

执就是执着，一根筋，认死理，死不开窍。比方说认准了参禅就要打坐，学佛就要读经，等等。

于是，执则迷，迷则不悟，叫：

执迷不悟

结论很简单：

你不成功，是没想通。

因此，觉悟在于破执。

只不过，破执很难，故事也多。

本节故事见《五灯会元》卷二及卷十一
本节引文见《六祖坛经·付嘱品》

破执的故事

你的敌人就是你

临济喝，德山棒，
长江后浪推前浪。
左一棒，右一棒，
前浪飞到山顶上。

站在山顶往下望，
不见当年老和尚。
只见野鸭入芦荡，
瘦的瘦来胖的胖。

打你没商量

临济义玄的师父，是黄檗希运。

檗读如波，去声，黄檗就是黄檗山，在今天的江西省宜丰县，希运则是唐代晚期著名禅师。据说他有两个非同一般的学生：宰相裴休和宣宗李忱。不过，李忱遇到黄檗希运的时候还不是皇帝，所以挨了两巴掌。

挨打是有原因的。

当时，李忱在一座禅院做沙弥，也就是通常说的小和尚。希运也刚刚从师父那里毕业不久，因此参访这座禅院时，便按照规矩和惯例焚香礼佛。

没错，佛、法、僧，号称三宝。

李忱却认为不对，因为禅宗的宗旨和主张，是心性本净，佛性本有，无念为宗，见性成佛。就是说，人的心性原本清净，佛性也本来就有。只要发现自我，就能立地成佛，犯不着读经坐禅，烧香磕头。

这就叫：

不着佛求，不着法求，不着僧求。

希运焚香礼佛，显然不合禅理。

于是李忱问：长老在此礼拜，有何所求？

希运说：例行公事而已。

李忱说：例行公事有什么意义？

希运不回答，给了他一巴掌。

李忱说：太粗鲁了。

希运说：这是什么地方，讲什么粗啊细的？

说完，又是一巴掌。

其实希运这一巴掌是启迪，因为他自己就是这样获得印证的。但不是师父打他，是他打了师父。

希运的师父是百丈怀海。

这可是佛教史上赫赫有名的改革家。

禅院制度和禅林清规，就是他建立起来的。

希运在他门下，可谓名师出高徒。

两人刚刚见面，对话就充满禅意。

怀海问：巍巍堂堂，从哪里来？

希运说：巍巍堂堂，从岭南来。

怀海问：巍巍堂堂，有什么事？

希运说：巍巍堂堂，没别的事。

这就算是入学了。

某天，怀海问：刚才你到哪里去？

希运说：大雄山下采菌子来。

怀海问：没看见老虎？

希运就学着老虎吼。

怀海则拿起斧头来。

希运立即冲上去打了怀海一巴掌。

怀海便对众人说：大雄山下有只大老虎，老汉今天亲自被咬了一口，你们可要注意呢！

这就算是毕业了。

难怪希运会给李忱一掌。

不过，打人打得凶的还不是黄檗希运，也不是他的学生临济义玄，而是被烧饼婆婆问得哑口无言，后来拜龙潭崇信为师的德山宣鉴。他上课时就公然宣布：我的问题，答得上来三十棒，答不上来也三十棒。

问他道理何在。

对不起，也是三十棒。

当然，扬言而已。

打一两棒是有的，三十棒倒未必。

这就叫**德山棒**。

临济义玄的教学方法则是吼，喝斥。

而且，不管说得对不对，都是一声断喝。

后来，学生回答问题时也吼，师生对吼。

临济义玄便说：等等，这样可不行。比如一个人从东堂来，一个人从西堂出，两个人同时吼起来，还分得清主次吗？以后你们不得学老僧吼。

这就叫**临济喝**。

临济喝，德山棒，是当时传法的典型。

由此留下一个成语：

当头棒喝

但，这还不是最厉害的。

本节故事见《五灯会元》卷四

呵佛骂祖

丹霞天然骑在了僧徒的脖子上。

这个胡作非为的家伙是惠能一脉的第四代，师父倒有两个，马祖道一和石头希迁。实际上，此人原本是个儒生，也原本准备到长安参加科举考试的，仅仅因为在途中遇到一位学佛的禅者，才彻底改变了人生。

禅者问：施主到哪里去？

丹霞天然说：去考取功名。

禅者说：当官哪里比得上做活菩萨？

一句话点醒梦中人。丹霞天然立即改道江西，去见马祖道一。马祖道一的故事前面讲过，他是惠能的法嗣南岳怀让用砖头磨镜子点醒，成为禅宗大师的。

丹霞天然见了他，不磨砖，不坐禅，更不说话，只是跪下来把手放在额头上，意思是要师父剃度。

马祖道一明白：这家伙不好对付。

于是他说：石头希迁才是你师父。

丹霞天然像球那样被一脚踢到南岳衡山，见了石头希迁又故技重演。希迁却不吃那一套，不由分说便让他进了厨房。头发也不剃，杂活倒干了三年。

好在机会说来就来。

某天，希迁让学生们到佛殿前铲除杂草。丹霞天然却洗了头在他面前跪下，意思是我这头上的“杂草”也该铲除。石头希迁只好为他剃度，然后准备说法，丹霞天然却捂住耳朵掉头就跑。

离开南岳，丹霞天然又跑回马祖那里。这次他直接进入僧房，将那坐禅的僧人当驴骑。一众僧人惊慌失色手足无措，便跑进方丈室向师父报告。

马祖道一也只好来看他。

然后说：我子天然。

意思是：你倒天真可爱。

丹霞天然却翻身跪下说：谢恩师赐法号。

从此，他便叫作天然。

由于终老之地在南阳丹霞山，所以叫丹霞天然。

这下子可不得了啦！因为石头希迁和马祖道一正是六祖惠能最重要的两位法孙。他们两人一个剃度，一个赐号，立即就让丹霞天然名满天下。

◎ 禅宗世系简表

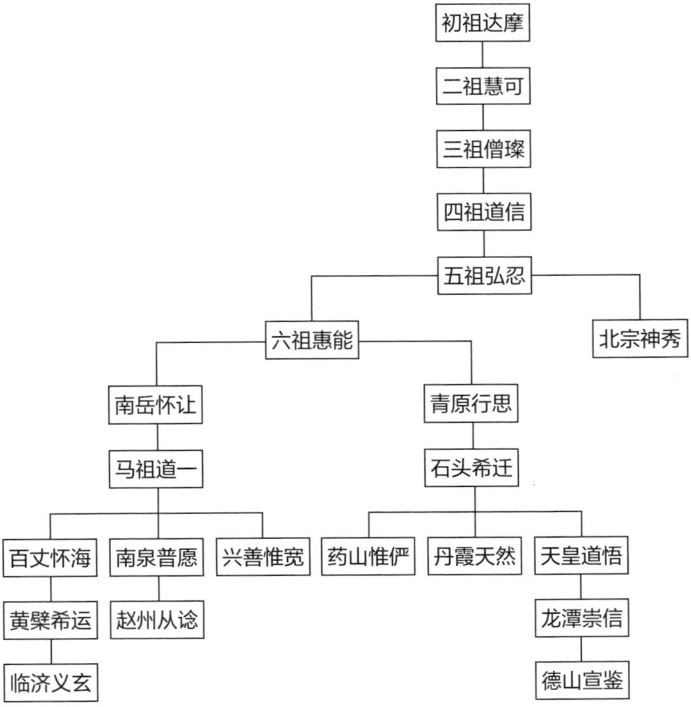

禅宗世系复杂，人数众多，本表仅选入与本书相关人物。

然而此人却依然无法无天，胡作非为，时不时就会干些匪夷所思的事。

某年他到了洛阳慧林寺，由于天气寒冷，竟然将木头佛像烧了取暖。

管寺院的责问：为什么要烧我木佛？

丹霞天然拨着灰烬说：取舍利。

舍利就是释迦牟尼或者得道高僧火化之后形成的结晶体，历来被看作吉祥物而受到佛教徒的尊崇和供奉。

管寺院的说：木头佛像，哪来的舍利子？

丹霞天然说：没舍利吗？那就再烧两尊。

啊！对待佛祖，也可以这样？

可以，也应该。

比如动不动就三十棒的德山宣鉴便说：我这里无祖也无佛。达摩是老臊胡，释迦老子是干屎橛，文殊普贤是担屎汉。

这就叫：

呵佛骂祖

上课靠吼的临济义玄，更是公然主张：逢佛杀佛，逢祖杀祖，逢罗汉杀罗汉。

看了前面的禅宗世系表就知道，德山宣鉴属于石头希迁系统，临济义玄属于马祖道一系统，惠能之后两大流派的法孙都骂骂咧咧，打打杀杀，太有意思了。

烧佛像

杀佛杀祖
临济喝

呵佛骂祖
德山棒

问题是，为什么啊？

因为破执极难，它有三关。

第一关叫：

我执

所谓我执，就是执着于我，比如我看见，或者我听说，等等。这个时候就要告诉大家，世上有我，仅仅因为有法。诸法造就了我，这就叫：

我由法生

能破我执，就是罗汉。

但是众生执迷，破了我执还不够。

成佛也得继续闯关。

第二关叫：

法执

所谓法执，就是执着于法，以为法就是真相。这个时候就要告诉大家，实相无相。我固然是空，法也不是真如，也是虚的，这就叫：

万法皆空

再升级，得破：

空执

所谓空执，就是执着于空，还是把无当作有。何况我是空，法是空，空就不是？也是。这就叫：

空亦是空

能破空执，就是修成正果。

但这很难。
什么叫“空亦是空”？
大乘佛教中观派的表述是：

非 有 ， 非 无 ， 非 有 无 ， 非 非 有 非 非 无 。

翻译成现代汉语就是：

不是有。
不是没有。
不是又有又没有。
也不是既没有有，也没有无。

所以，空亦是空，亦是不空。
或者说：

我不是我，才是我。
法不是法，才是法。
空不是空，才是空。

请问，有几个人听得懂？

太少了。

听不懂怎么办？

也只好棒喝。

但，为什么要呵佛骂祖呢？

因为擒贼先擒王。

是啊，如果连如来佛祖和菩提达摩都可以骂，甚至连佛像都可以烧，还有什么碰不得和想不开的？最神圣和最崇高的都破除了，觉悟还能有什么障碍？

这就叫：

不破不立

那么，难道破执只能又打又骂？

当然不，也有请喝茶的。

本节故事见《景德传灯录》卷十四
本节引文见《中论·观涅槃品》

开学典礼

请喝茶的叫赵州从谂（读如审）。

从谂是惠能一脉的第五代，跟黄檗希运同辈，师祖都是马祖道一。不过，希运的师父是百丈怀海，从谂却师从南泉普愿。由于八十岁后驻锡赵州（今河北省赵县）的观音院，所以人称赵州和尚。

这可是个会说话的。

不信，且看他如何见师父。

师父在池阳（今安徽省池州市）南泉寺。

当然，从谂初到那会儿还只是个沙弥，并不叫赵州和尚。但为方便起见，我们姑且叫他赵州。他行参拜礼的时候，名闻天下的普愿禅师正好躺在榻上休息。

普愿问：你的旁边是什么？

赵州说：佛像。

普愿问：现在还看得见佛像吗？

赵州说：看不见佛像，只见卧如来。

南泉普愿就坐起来了。

他问：你这沙弥，有师父吗？

赵州说：有。

普愿问：师父是谁？

赵州说：数九寒冬，恭请大和尚保重身体。

普愿大喜过望，立马收他为徒。

后来，又立他为法嗣。

如此会说话的，教学生当然不打也不骂。但是跟这位赵州和尚学佛，却一点都不容易。因为他对所有问题的回答，不是胡说八道就是文不对题。

不妨来看几段问答。

问：什么是上古佛心？

答：三个婆子排班拜。

问：什么是不变之义？

答：一个野雀儿从东飞过西。

问：达摩祖师为什么要来中国？

答：庭前柏树子。

问：柏树子也有佛性吗？

答：有。

又问：什么时候成佛？

答：虚空落地时。

再问：虚空什么时候落地？

答：柏树子成佛时。

请问，这是回答了呢，还是没回答？

当然是回答。

答案就是：

禅不可说

道理也很简单：语言文字都有限，甚至有形，菩提智慧却既无限也无形，因此一说就错。

实在要说，就只能胡说。

但，不可说，又怎么学？

该干什么，就干什么。

不妨再讲一个故事。

某天，庙里来了个新学员。那人初入禅门一头雾水不得要领，完全找不着北，便请赵州指点迷津。

赵州问：吃粥了吗？

那人答：吃了。

赵州问：洗碗了吗？

那人答：还没。

赵州说：洗碗去！

那人就觉悟了。

当然，也有不明白的。

那是赵州观音院的开学典礼，慕名而来的僧徒非常之多。监寺的院主不敢怠慢，便请赵州从谂给他们进行训导。八十高龄的老和尚笑容满面地依次询问齐刷刷站成一排的新学员：同学，你以前到过我们寺院吗？

第一位新生双手合十答道：弟子来过。

赵州说：好好好，吃茶去。

又问另一个。

回答是：没来过。

赵州又说：好好好，吃茶去。

如此这般询问一遍，开学典礼就宣布结束。

院主目瞪口呆，完全看不懂。

他躬身问道：大和尚，前面那个是来过的，你让他吃茶去。后面这个没来过，怎么也让他吃茶去？

赵州大声说：院主！

院主答：在！

赵州说：吃茶去！

啊！莫非学佛参禅就是吃茶？

正是。

因为六祖惠能说得非常明确：

佛法在世间，不离世间觉。

离世觅菩提，恰如求兔角。

禅，当然就是喝茶，也就是吃饭、洗碗、打扫卫生和挑水砍柴，如此等等。

准确地说，就是生活。

那么，这跟普通人有什么区别？

成佛，难道真这么简单？

当然不是。

本节故事见《五灯会元》卷四
本节引文见《六祖坛经·般若品》

谁让他变成了野狐狸

百丈怀海的课堂上，来了个旁听生。

前面说过，怀海是历史上有名的佛教改革家。马祖道一是他师父，打人的黄檗希运是他法嗣，吼叫的临济义玄是他法孙，请喝茶的赵州和尚则是他的师侄。所以百丈怀海说法时，佛堂上总是爆满。

旁听生则是位老人。

这位老人平时总是随着僧徒信众们前来听课。但是有一天，听众都走了，他却不走。

怀海诧异，便说：请问你是什么人？

老人说：我不是人。

奇怪！不是人，那是什么？

老人说：我是野狐狸，也是老和尚。

这又奇怪！老和尚怎么会变成野狐狸？

原来，那和尚是很早很早以前的，也曾在这山上做住持。当时，有学生问了个问题，他没答对，结果堕入轮回变成野狐狸。因此，这位听了多次课的老人对百丈怀海说：恳请大和尚发大慈悲，放大光明，告诉我那个问题到底该怎样回答，才能让我重新做人。

怀海说：什么问题？

老人说：大修行的人还会落入因果报应吗？

怀海说：你怎么回答？

老人说：不落因果。

怀海说：好！你再问一遍。

老人说：大修行的人还会落入因果报应吗？

话音刚落，怀海就应声答道：不昧因果。

老人大悟，躬身答谢说：我已脱胎换骨。

这是一个非常有名的故事。

它的名字就叫：

野狐禅

后来，这个词也用来表示一知半解、似是而非甚至邪门歪道，或者半吊子、二百五、三脚猫。

那么，老和尚错在哪里呢？

执。

没错，佛家修行，原本就是要脱离因果报应和六道轮回。因此照道理说，有大修行的人，就不会也不该再落入因果，老和尚的回答也算中规中矩，怎么就大错特错，以至于变成了野狐狸呢？

这就要弄清楚基本概念和基本方法。

比方说：

涅槃

请问，涅槃是死亡吗？

不是。

死亡一般叫**圆寂**，意思是圆满寂灭。

那么，涅槃是不死吗？

当然也不是，肉体成仙是道教的概念。

不是死，也非不死，那是什么？

超越生死

同样，脱离苦海也不是告别轮回。

那是什么？

超越轮回

既然超越，就不必再讲。回答不落因果，反倒落入因果。这是并未开悟却妄称开悟，所以是野狐禅。

真正觉悟呢？

不被因果报应所迷惑、蒙蔽、束缚。

这就叫：

不昧因果

难怪老和尚变成野狐狸，怀海却能救他出来。

一字之差，竟有天壤之别。

觉悟和破执，岂非很重要？

可惜这件事，说起来容易，做起来难。

百丈怀海的师弟兴善惟宽，就曾遇到一个没有悟性和慧根的，结果几乎鸡同鸭讲。

那人说：请问大和尚，道在哪里？

惟宽说：就在眼前。

那人说：既然就在眼前，怎么看不见？

惟宽说：因为心中有我，所以看不见。

那人说：大和尚你，看得见吗？

惟宽说：又有你，又有我，更看不见。

那人说：没有我也没有你，那就看得见了吧？

惟宽说：没有你也没有我，谁看啊？

这才真是精彩之极。

而且，后面还有更精彩的。

本节故事见《五灯会元》卷三

我不是东西

精彩的仍然是兴善惟宽。

有人问：狗也有佛性吗？

惟宽说：有。

那人又问：和尚你有吗？

惟宽说：我没有。

那人说：众生皆有佛性，为什么你没有？

惟宽说：我不是众生。

那人问：不是众生，莫非是佛？

惟宽说：我不是佛。

那人问：不是众生不是佛，那是什么东西？

惟宽说：也不是东西。

你也东西，
我也东西。
不是东西，
才是东西。

兴善惟宽为什么要这样说？

为了破执。

前面说过，执就是一根筋，认死理，不开窍。比如认准了参禅就要打坐，学佛就要读经，等等。盯着问狗和惟宽有没有佛性也是。众生皆有佛性，用得着挨个儿落实吗？这简直就是执迷不悟，甚至愚蠢透顶。

兴善惟宽只好说：我没有。

而且，也不是东西。

这话有两层意思。

第一层意思，是不要给自己贴标签，非得认准了是佛还是众生，或者什么东西。我就是我，干吗一定要有别人认可的身份或者说法呢？

当然，不一定要，不是一定不要。

一定不要，同样是执。

准确的说法，是不介意，无所谓，不在乎。

第二层，是不要执着于我。

比如前面说过的那人，非得要问道在哪里，就已经是执。禅宗讲见性成佛，道当然在觉悟者心中。觉悟是每个人自己的事。你不觉悟它就远在天边，大彻大悟它就近在眼前，用得着问吗？不开窍吧！

还要问为什么看不见，就更是执。

惟宽也只好告诉他，心中有我，就看不见。

如果还要你呀我的，更看不见。

可惜这人死不开窍，又认为没有我也没有你，就看得见。兴善惟宽只好再告诉他：**破我执是破执，不是破我**。如果自己都没了，要觉悟干什么呢？

执着于我，执着于无我，也都是执。

这就叫：

你的敌人就是你。

所以兴善惟宽要说：我不是东西。

东西都不是，还有什么可执着的吗？

没有。

那又怎样？

就自由，也就成佛了。

本节故事见《五灯会元》卷三

成佛的故事

无所求才有所得

找呀找呀找朋友，
知心朋友哪里有？
风里雨里谁伸手？
水里火里跟谁走？

找呀找呀找朋友，
你的朋友处处有。
清风朗月在招手，
花儿开到家门口。

南无南无阿弥陀！
南无南无无量寿！
南无南无观世音！
南无南无大宇宙！

初恋女友还记得吗

法演禅师驻锡五祖寺的时候，有位大宋提刑官到了山上。五祖寺就是当年五祖弘忍举扬禅风的道场，法演是有名的得道高僧。所以，这位任职期满，要回四川去的提刑官，很想利用最后的机会请教修行悟道的法门。

佛堂内一片安宁。

法演禅师也和蔼可亲。

他笑眯眯地说：提刑年纪轻轻，多少总读过点情诗吧？有两句诗非常贴切：

频呼小玉元（原）无事，只要檀郎认得声。

官员听罢，唯唯诺诺而去。

这时，站在旁边的是克勤禅师。

克勤也是宋代名僧，据说“茶禅一味”这四个字最早就是他书写的，据说而已。不过那时的克勤，还只是法演的学生和侍者，而且还没有得到印证。

于是他问：师父的话，这位提刑明白了吗？

法演说：他只认得声音。

表面上看，这并不错。

不妨解释一下这两句诗。

我们知道，西晋有个美男子，名叫潘岳。由于他的小名叫檀奴，女孩子便把心仪的帅哥叫作檀郎。帅哥哥到家里做客，千金小姐不便出面相见，只好频繁地呼叫丫环小玉。其实她什么事都没有，呼来唤去的目的只不过是想让情郎能够记住自己的声音。

频呼小玉原无事，只要檀郎认得声，就这意思。

春心每與好風隨
楊柳青青兩岸垂
未曉檀郎身到否
頻呼小玉隔簾窺
易中天詩

因此克勤问：老师刚才不是明明说“只要檀郎认得声”吗？既然他认得声音，怎么就不对？

法演猛喝：祖师西来意就是庭前柏树子吗？

这个故事前面说过，赵州和尚的。

有人问：达摩祖师为什么要来中国？

赵州答：庭前柏树子。

意思很清楚：实相无相，禅不可说。

因此，祖师西来意当然不是庭前柏树子，就连庭前柏树子也并不就是柏树子。言外之意，画外之音，境外之境才是重要的。只是认得声音，怎么可以呢？

克勤恍然大悟。

于是答道：

少年一段风流事，只许佳人独自知。

法演说：恭喜！

两个和尚大谈情诗，看起来奇葩，却其实寓意深刻、道理简单：**重要的是觉悟，觉悟的途径则无所谓**。吃饭可以，喝茶可以，谈恋爱当然也可以，因为频呼小玉原无事，甚至就连“只要檀郎认得声”也不重要。

重要的，是认得心。

正如当年之情，唯许她知。

哈哈，初恋女友，你还记得吗？

不过这同样没关系，因为真正需要认得的是你自己的心。少年时代的风流韵事，如果自己都不记得，就算初恋女友念念不忘，又有什么意义呢？

重提旧话原无事，只要檀郎认得心。

而且，是认得自己的心。

是啊，如果我都没了，谁看呢？

因此，必须再次强调：

觉悟，就是发现自我。

这又让我们想起一个故事。

有次，佛印和苏轼同游灵隐寺，来到观音像前。

东坡问：善男信女拿着念珠是为了念诵菩萨。观音怎么也拿念珠？观音又念诵谁？

佛印答：念诵观音。

东坡问：观音为什么要念诵观音？

佛印答：因为菩萨比谁都清楚，求人不如求己。

修成正果或获得智慧，也一样。

可惜，芸芸众生往往弄不明白这道理。

比方说，人们总是问：道在哪里？

却很少问：我在哪里？

总是问：道是什么？

却很少问：我是谁？

其实这还算好的。更多的情况，是常常惦记和纠结别人怎么看自己，却很少想自己怎么看自己。或者羡慕嫉妒别人的成就，不想自己有什么问题，该怎么办。

这可真是：谁都在，唯独没有我。

难怪怀让会对道一说：牛不走，你打车干什么？

明白了吧？

走自己的路，让别人打车去！

如果牛肯走呢？

那就“天涯何处无芳草”，因为：

通往心灵之路，就是通往自由之路。

至于是吃瓜还是喝茶，则无所谓。

本节故事见《五灯会元》卷十九，《东坡禅喜集》卷九

一起喝杯茶

克勤禅师写下“茶禅一味”四个字那会儿，喝茶已经成为一件极为讲究的事情。日本人的茶道就是受两宋文明之影响创立的，而且与禅宗关系密切。

可以说，茶禅本是同根生。

那就一起来喝杯茶。

茶，是非常有意思的。

我们知道，中国是茶树的原产地，茶汤的功能也早为我国植物学家和医药学家所发现，那就是醒酒、明目和提神。所以长期以来，茶汤是作为药用的，饮用则要到东汉时期佛教传入中土之后。

大行其道者，是禅院、禅师和参禅的人。

也许，这是因为茶能让人头脑清醒吧！

头脑清醒，才能静虑。

难怪赵州和尚会说“吃茶去”。

实际上，唐代的茶也确实是吃的，因为煎茶的时候还要放米、奶、盐、姜、葱和香料等等，相当于现在的麦片粥。佛家忌五荤，可能不放葱，但那茶汤应该还是稠乎乎的，类似于可可，或者奶油蔬菜汤。

用开水冲泡散条形茶叶，是明代以后的事情。

宋代喝茶，又是另一番风味。

那时上流社会饮茶极其讲究，一般先要用纸将茶饼包好捶碎，再用碾子磨成细末，还要用茶罗去筛。筛出来的茶末放进茶盅，加沸水少许便调成茶膏，然后再用沸水冲成茶汤，并且用茶筅（读如显）敲击，直到产生鲜亮雪白、名叫云脚的泡沫。

于是，茶香飘逸，汤花轻溅，水雾朦胧。

请问这是什么境界？

禅境。

事实上，宋代的茶和禅是同一种味道，那就是清新淡雅。这甚至同时也是宋诗的味道。与唐诗的浓烈如酒不同，宋诗总是有着淡淡的茶香。

比如：

衣上征尘杂酒痕，远游无处不消魂。
此身合是诗人未，细雨骑驴入剑门。

或者：

昼出耘田夜绩麻，村庄儿女各当家。
童孙未解供耕织，也傍桑阴学种瓜。

这实在是再寻常不过的场景。

是啊！鸡鸣狗吠里，男耕女织时，稚气未脱的农家孩子在桑树下，一本正经地做着种瓜种豆的游戏。羊肠小道上，斜风细雨中，行吟诗人骑着毛驴不紧不慢缓缓而行。没有排场，也没有冒险，更没有张扬。一切都那么平淡，又那么自然，还那么入诗入画。

如此味道，当然是茶。

在某种意义上，也是禅。

禅心，就是**随所住处恒安乐**。

禅意，则是**一丘一壑也风流**。

事实上，自从百丈怀海进行宗教改革，禅院的僧侣都要参加劳动自食其力，参禅与农耕就难解难分。再加上赵州和尚的吃茶洗碗悟道法，修行学佛更是越来越与社会生活融为一体，甚至就是生活本身，哪怕大多数人并不能悟得菩提智慧，哪怕农作不过做做样子。

这是一种**人间佛法**。

如此佛法是符合中华传统的，因为先秦诸子的思想就是人间哲学，儒家伦理则更是如此，只不过禅宗披上了一件袈裟。脱掉那袈裟，同样也是春花秋月，同样也是家长里短，同样也是人间烟火。

不信，请看南宋禅师慧开的偈子：

春有百花秋有月，夏有凉风冬有雪。
若无闲事挂心头，便是人间好时节。

请问，这与孔子最喜欢的踏青，庄子最惬意的树下睡大觉，转圈圈，有什么不同呢？

也就是多了杯茶而已。

本节引文见陆游《剑门道中遇微雨》，范成大《夏日田园杂兴》其七，慧开《无门关》

迎面吹来凉爽的风

也许，还该说说船子和石头。

石头就是丹霞天然的师父之一希迁。六祖惠能在曹溪宝林寺（今广东韶关南华寺）弘法的时候，他还只是个沙弥，未能成为惠能的传人。所以惠能圆寂后，便去求见已是惠能法嗣之一的青原行思，重新拜师。

行思问：你从哪里来？

希迁说：曹溪。

行思问：带来什么心得？

希迁说：未到曹溪之前，不曾失去什么。

行思说：既然如此，为什么还要去曹溪？

希迁说：不到曹溪，怎知不失？

行思默然。

过了几天，行思又问：你从哪里来？

希迁说：曹溪。

行思举起拂尘问：曹溪还有这个？

希迁说：不要说曹溪，西天也没有。

行思说：难道你到过西天？

希迁说：如果到了那就有。

行思还是不认他。

又过了几天，行思说：有人说岭南有消息。

希迁说：有人不说岭南有消息。

行思问：那么，佛法从哪里来？

希迁说：都从这里去。

这话答得漂亮！英雄不问出处，佛法从哪里来也不重要，重要的是从哪里传向四方。

何况反向思维，正是禅法。

青原行思听了点头，便传法给他。

希迁得到印证以后，去了南岳衡山。他在那山中的石头上结庵为寺，所以人称石头希迁。

有趣的是，这个和尚上课也像扔石头。

学生道悟问：曹溪的意旨谁得到了？

希迁说：会佛法的人。

道悟问：老师得到了吗？

希迁说：没有。

道悟问：为什么没有？

希迁说：因为我不会佛法。

又一次，有人问：如何是解脱？

希迁说：谁捆住了你？

那人又问：如何是净土？

希迁说：谁弄脏了你？

那人又问：如何是涅槃？

希迁说：谁给了你生和死？

这可真是掷地有声。

再一次，有人问：如何是祖师西来意？

希迁说：你去问柱子顶端的龙。

那人说：学生不会。

希迁说：我更不会。

不过石头希迁之后，倒真是人才辈出。

比如烧木头佛像的丹霞天然。

动不动就三十棒的德山宣鉴。

再就是德诚了。由于他住在船上，所以叫船子和尚，正如结庵石头的希迁叫石头和尚。

这似乎有点“仁者乐山，智者乐水”的意思，其实不然。要知道，希迁的石头是宅基地，德诚的那只船却是谋生手段——他是靠摆渡载客过日子的。船钱大约是随喜，客人更是有一搭没一搭，所以有时还要打鱼。

可惜这就更不靠谱，半条鱼都没钓着的事情恐怕也时常发生，然而船子和尚却是满心欢喜。

且看他的偈：

千尺丝纶直下垂，一波才动万波随。
夜静水寒鱼不食，满船空载月明归。

很好！一无所获，满载而归。

这不就是没有分别心，就是“不二”吗？

难怪希迁才要说：我更不会。

不会，就是会。

没有，就是有。

空空如也，就是满满当当。

结论是：

无所求，才有所得。

那么，船子和尚得到了什么？

佛心和禅意，还有诗和美。

想想看吧！平静得就像镜面的水上忽然间一阵轻风吹过，所有波涛都随着眼前的浪花荡漾起来。这时驾着载满月光的空船飘然而去，岂非有成佛的感觉？

这是一种怎样的境界！

实际上，由于禅宗主张不着佛求，不着法求，不着僧求，就只能面向生活实践，尤其是面向大自然。因为自然界最不刻意，最无烦恼，因此最有佛性，也最接近佛家追求的无上正等正觉，正所谓：

青青翠竹，总是法身；
郁郁黄花，无非般若。

般若读如波惹，不读班弱，意思是成佛所需的智慧或觉悟，也叫**涅槃之道**或**菩提智慧**。佛教认为，从苦不堪言的此岸，到达超越生死轮回，没有痛苦和烦恼的彼岸，叫**波罗蜜多**。这是只有通过某种特殊智慧才能够实现的，因此叫**般若波罗蜜多**。

法身，当然就是佛的真相。

般若和法身在一般人看来，是遥不可及的，甚至是琢磨不透的，禅宗却告诉我们事情其实非常简单。

你想看见法身吗？

春风里那青青翠竹就是。

你想把握佛性吗？

阳光下那郁郁黄花就是。

般若智慧并不神秘，它就在你身边。

而且，它就是美。

不妨来看一则开悟偈：

尽日寻春不见春，芒鞋踏遍陇头云。

归来笑拈梅花嗅，春在枝头已十分。

偈子是一位比丘尼所作，法号不知，字面上的意思却不难理解：为了寻找春天的足迹，人们不惜走遍千山看尽万水。但是，当我们疲惫不堪回到家里时，却发现它就在自家院里，就在那满树梅花的枝头。

这可真叫回头是岸。

那就让我们把窗户打开，吹一吹凉爽的风。

本节故事见《五灯会元》卷五

本节引文见《五灯会元》卷五，《大珠禅师语录》卷下，罗大经《鹤林玉露》

易中天

1947 年出生于长沙

曾在新疆工作，先后任教于武汉大学、厦门大学

现居江南某镇，潜心写作

胡永凯

1945 年生于北京

曾从事美术电影及连环画、绘本创作，多次获国内外奖项

现为中国国家画院研究员，作品被中国国家博物馆、中国美术馆收藏

传灯故事

作者 _ 易中天　　绘者 _ 胡永凯

编辑 _ 王光裕　　装帧设计 _ 于欣

技术编辑 _ 白咏明　　执行印制 _ 梁拥军　　策划人 _ 王誉

营销团队 _ 魏洋 张艺千 成芸姣

鸣谢

贺彦军

果麦

www.goldmye.com

以 微 小 的 力 量 推 动 文 明

图书在版编目(CIP)数据

传灯故事 / 易中天著 ; 胡永凯绘 . -- 杭州 : 浙江文艺出版社，2025. 6（2025.7 重印）. -- ISBN 978-7-5339-7996-6

Ⅰ . B946. 5-49

中国国家版本馆 CIP 数据核字第 2025AC2792 号

传灯故事

易中天 著　胡永凯 绘

责任编辑　金荣良

装帧设计　于　欣

出版发行　浙江文艺出版社

地　　址　杭州市环城北路 177 号　　邮编 310003

经　　销　浙江省新华书店集团有限公司

　　　　　果麦文化传媒股份有限公司

印　　刷　河北鹏润印刷有限公司

开　　本　875 毫米 ×1240 毫米　1/32

字　　数　81 千字

印　　张　5

印　　数　25,001-35,000

版　　次　2025 年 6 月第 1 版

印　　次　2025 年 7 月第 3 次印刷

书　　号　ISBN　978-7-5339-7996-6

定　　价　39.00 元